Manfred Müller

Mein *Muldentalkreis*

Eine Heimatkunde für Kinder

Sax-Verlag Beucha

Ein Vorwort:

Liebe Kinder,

die 1. Auflage eures Buches war schnell vergriffen. Ich habe gehört, dass es vielen von euch Spaß gemacht hat, in der Heimatkunde zu blättern und zu lesen. Gefreut habe ich mich auch darüber, daß eure Eltern und Großeltern sowie viele andere Menschen zu diesem Buch gegriffen und es mit Interesse gelesen haben. Bestimmt konnten sie ihr Wissen über die Heimat auffrischen und erweitern.

Nun liegt die 2. Auflage auf dem Tisch. Ich habe sie gründlich durchgesehen und die Texte auf den neuesten Stand gebracht, natürlich mit der neuen Rechtschreibung. Eine Reihe von Bildern ist ausgetauscht worden bzw. hinzugekommen. Alle Karten sind neu gestaltet. Das war schon deshalb notwendig, weil zum 1. Januar 1999 der Muldentalkreis erweitert wird. 8 000 junge und alte Menschen, die in den vier Orten Borsdorf, Zweenfurth, Panitzsch und Cunnersdorf wohnen und bisher zum Kreis Leipziger Land gehörten, sind dann Bürger unseres Muldentalkreises. Wir heißen sie herzlich willkommen und hoffen, daß sie sich hier genau so wohlfühlen wie wir.

Wollt ihr noch mehr über eure Heimat wissen? Dann kann euch bald ein neues und dickes „Rundblick-Heimatbuch" helfen. Es wird im nächsten Jahr erscheinen. Auf 400 Seiten werdet ihr dort Geschichten zu Land und Leuten des Muldenlandes finden. Also ein richtiges Lesebuch.

Ich wiederhole mich gern, wenn ich allen kleinen und großen Lesern beim Lesen und Wandern viel Freude wünsche. Das Heimatland zwischen Lossa, Mulde und Parthe birgt noch manche Geheimnisse.

Hohburg, im Herbst 1998   Manfred Müller

Die Zahlenangaben im Buch stammen aus dem Jahre 1998 und sind zum Teil gerundet.

Das Titelbild zeigt die Mulde bei Golzern mit der Papierfabrik nach einem Ölbild von Holger Vogt.

Auf der Rückseite ist der Dreiseithof von Carl Gottlob Hörig in Kühnitzsch dargestellt. Ein unbekannter Wandermaler hat das Bild 1868 geschaffen.

Die beiden Bildkarten im Vorsatz und die Textkarten zeichnete Astrid Baumgart.

Die beigelegte Übersichtskarte zum Muldentalkreis schuf Thomas Höhne.

Das Foto auf der Titelseite zeigt den Scherenschleifer im Schwanenteich in Grimma.

Fotografiert haben Dr. Heinz Berger (2), Werner Fiedler (3), Peter Franke (1), Harry Gugisch (2), Peter Kayenberg (10), Haiderose Momber (1), Manfred Müller (40), Andreas Röse (1), Wolfgang Stadler (2) und Gerhard Weber (10).

Die Deutsche Bibliothek – CIP-Einheitsaufnahme

Müller, Manfred :
Mein Muldentalkreis : eine Heimatkunde für Kinder / Manfred Müller. – 2., bearb. Aufl. – Beucha: Sax-Verl., 1998
  ISBN 3–930076–36–5
NE : HST

ISBN 3–930076–36–5
2., überarbeitete Auflage 1998
Alle Rechte vorbehalten
Vervielfältigungen jeglicher Art verboten
© Sax-Verlag Beucha, 1996
Gestaltung: Hans-Jörg Sittauer, Leipzig
Herstellung: Offizin Andersen Nexö Leipzig, Betrieb der INTERDRUCK Graphischer Großbetrieb GmbH
Printed in Germany

Inhaltsverzeichnis:

Ein Überblick: Im kleinsten Dorf wohnen 14 Einwohner *Seite 4*

Die Kreistadt Grimma: Auf der Stadtmauer stehen die Sommerhäuschen *Seite 6*

Die Stadt Wurzen: Im Rosental duftet es nach frischen Keksen *Seite 9*

Die Stadt Bad Lausick: Aus der Erde kam heilkräftiges Wasser *Seite 12*

Die Stadt Brandis: Mit dem Flugzeug hoch hinauf in die Lüfte *Seite 13*

Die Stadt Colditz: Die Fluchtgänge sollten in die Freiheit führen *Seite 14*

Die Stadt Mutzschen: Mit Hacke und Spaten in die dicke Lehmschicht *Seite 15*

Die Stadt Naunhof: Im Sommer kommen viele tausend Badegäste *Seite 16*

Die Stadt Nerchau: Wegen „Pumpernickel" gab es einen Bierkrieg *Seite 17*

Die Stadt Trebsen: In der Kirche liegt das älteste steinerne Mädchen von Sachsen *Seite 18*

Vom Wandern: „Ich bin der Meinung, daß alles besser gehen würde, wenn man mehr ginge ..." *Seite 19*

Die Oberfläche: Feuerspeiende Vulkane schufen viele Berge unserer Heimat *Seite 25*

Zum Naturschutz: Im Döbener Wald leuchtet der Feuersalamander *Seite 28*

Der Wald: Mit dem Topf in die Heidelbeeren *Seite 30*

Die Gewässer: Die Bauern putzten ihre Pferde im Dorfteich *Seite 31*

Die Dörfer: Das Sackgassendorf hat nur eine Straße *Seite 34*

Gebäude im Dorf: Der Wetterhahn kräht stundenlang, ohne daß du ihn hörst *Seite 37*

Zur Landwirtschaft: Die Muldentaler essen täglich 78 000 Eier *Seite 39*

Zur Industrie: Papiersäcke aus Trebsen, Kronleuchter aus Wurzen *Seite 40*

Zur Energie: Die riesigen Flügel drehen sich fast lautlos im Wind *Seite 43*

Zum Verkehr: Mit dem Salzhandel entstanden die ersten Straßen *Seite 44*

Von Persönlichkeiten: Was Steine und Häuser von Leuten erzählen *Seite 46*

Auf der Koppel in Zschoppach

Ein Überblick:

Im kleinsten Dorfe wohnen 14 Einwohner

Das alte und das neue Machern

Du bist am 1. Januar 1999 einer von den rund **135 000 Einwohnern**, die im Muldentalkreis wohnen. Warum es jetzt 8 000 mehr sind, kannst du im Vorwort Seite 2 lesen. Dafür steht uns allen eine **Fläche** von 892 Quadratkilometern zur Verfügung. Darunter kannst du dir sicherlich nicht viel vorstellen. Vielleicht hilft dir folgender Vergleich: Das ist ungefähr so groß wie Berlin. Dort leben allerdings über 3 Millionen Menschen.

Die Einwohner des Muldentalkreises wohnen in **9 Städten** und **185 Dörfern**.

Die Städte sind Grimma (19 000 Einwohner), Wurzen (16 800), Bad Lausick (8 200), Naunhof (7 000), Colditz (6 150), Brandis (5 800), Nerchau (4 450), Trebsen (3 650), Mutzschen (2 550).

Das kleinste Dorf ist Serka mit 14 Einwohnern, das größte Machern mit 4 025 Einwohnern. Das kann sich aber in den nächsten Jahren ändern,

Inmitten fruchtbarer Felder liegt Serka, die kleinste Siedlung des Muldentalkreises. Vier Bauerngüter scharen sich um den Ortskern. Löbschütz im Hintergrund ist nur wenig größer. Von dort her führte einstmals ein Feldweg durch die Fluren, der den seltenen Namen „Saufrain" trug. Die Löbschützer Bauern pilgerten nämlich von Zeit zu Zeit nach Serka in die Schenke, weil es in ihrem Dorfe keine gab.

denn in einigen Dörfern und in den Städten wachsen die Wohnungen wie die Pilze nach nach einem warmen Sommerregen.

Den Namen **Muldentalkreis** trägt unser Heimatkreis erst seit dem 1. August 1994. Damals vereinigten sich die beiden früheren Kreise Wurzen und Grimma sowie die Stadt Bad Lausick und einige Dörfer im Süden aus benachbarten Kreisen zum neuen Muldentalkreis.

Dein Muldentalkreis gehört zum **Freistaat Sachsen** und liegt im Westen dieses Bundeslandes.

Die Behörde des Landkeises ist das **Landratsamt**. Es hat seinen Sitz in Grimma mit einer Außenstelle in Wurzen. An der Spitze der Verwaltung steht der Landrat. Er leitet außerdem als Vorsitzender die Sitzungen des Kreistages mit den 54 Kreisräten, die verschiedenen Parteien angehören. Der **Kreistag** ist die Vertretung der Bürger und das Hauptorgan des Landkreises.

Die unterste Verwaltung erfolgt in den 9 **Städten** und 25 **Gemeinden**. Zu einer Gemeindeverwaltung gehören meist mehrere Dörfer, z.B. zur Gemeinde Parthenstein die Dörfer Klinga, Pomßen, Großsteinberg und Grethen. Das Dorf Nemt beispielsweise ist nach Wurzen eingemeindet. Die Gemeindereform bringt bis 1999 noch einige Änderungen.

Die hübsche bunte Karte soll dir einen ersten Überblick über den Muldentalkreis geben. Du lernst dort die Himmelsrichtungen kennen und die Orte, die an den Enden der **Windrose** liegen. Bestimmt findest du sehr schnell heraus, in welcher der vier Jahreszeiten die Kinder spielen und wandern. Freue dich mit ihnen!

Wenn du mal auf dem **Mittelpunkt** des Muldentalkreises stehen willst, dann musst du nach Seelingstädt fahren. Dort, am Ortsausgang nach Trebsen, liegt neben dem Weg am Stabsteich ein Felsen. Das ist er! Du kannst ihn nicht verfehlen, denn er trägt eine Kennzeichnung.

Das **Gesamtbild** des Kreises sieht einem abgerundeten Rechteck ziemlich ähnlich. Vergleiche dazu mal die Ausdehnungen von Nord nach Süd und die von Ost nach West. Du kannst den Muldentalkreis auch in vier fast gleiche Teile teilen. Welche Linien müsstest du dazu verwenden?

Du findest noch die **angrenzenden Kreise** vermerkt. Vielleicht überrascht es dich, daß jetzt auch die Großstadt Leipzig dazugehört. Warum wohl? (Lies Seite 2 oben).

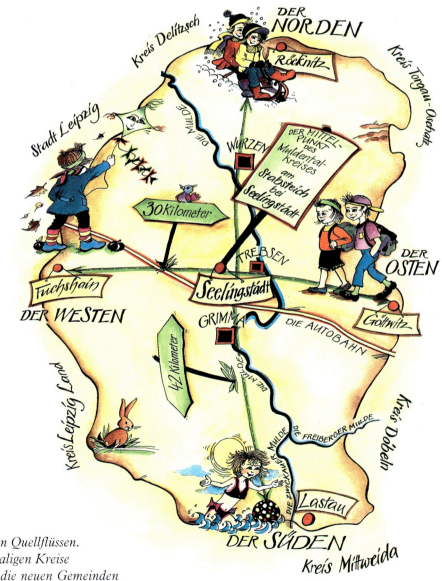

Das Wappen des Muldentalkreises. Es zeigt die Mulde mit ihren Quellflüssen. Die Sterne stellen die ehemaligen Kreise Grimma und Wurzen und die neuen Gemeinden im Süden dar.

Die Kreisstadt Grimma:

Auf der Stadtmauer stehen die Sommerhäuschen

Die **Kreisstadt** liegt in einem Talkessel unmittelbar an der Mulde. Die Schönheit dieser Landschaft pries schon vor 150 Jahren der Schriftsteller Ferdinand Stolle:

*„Im Tale, wo die Mulde fließt,
da liegt ein Städtchen fein,
das niemand wieder gern vergißt,
der einmal da kehrt ein ..."*

Kehren wir ein und erkunden ein Stück vom alten Grimma. Wir beginnen auf dem großen Parkplatz vor dem Volkshaus.

Durch eine schmale Gasse erreichst du das alte **Schloss**. Es war im Mittelalter eine Nebenwohnung der in Sachsen herrschenden Wettiner. Mehrmalige Umbauten ließen von der ursprünglichen Form nur noch wenig übrig. Seit Jahrzehnten haben Polizei und Gerichte hier ihre Amtsstuben. Es ist immer besser, wir haben damit nichts zu tun. Also weiter!

Der Wappenstein auf der alten Steinbrücke, dahinter stehen die Reste vom Schloss.

Der Eva-Brunnen vor dem Rathaus in Grimma

Durch schmale Gassen kommst du zum **Markt**. Er ist auch hier Zentrum der Stadt. Schöne alte Bürger- und Handwerkerhäuser umschließen die Marktseiten. Sieh genau hin! Du wirst Figuren und andere Schmuckelemente erkennen. In einem der Häuser hatte Göschen seine Druckerei eingerichtet.

Mitten auf dem Platz steht das **Rathaus** mit prächtigen Giebelseiten. Auf einer Monduhr kannst du ablesen, welcher Mond gerade am Himmel leuchtet. 1995 verursachte ein Brand schlimme Schäden. Mit großer Sorgfalt wurde es danach noch schöner als zuvor wieder hergerichtet und erstrahlt in neuem Glanz.

Auf dem **Marktbrunnen** daneben steht seit 1912 ein hübsches Mädchen aus Bronze, das gerade baden will. Für die Grimmaer ist es die **Eva**.

An der Klosterstraße befindet sich das ehrwürdige **Gymnasium St. Augustin**. Die jetzigen Gebäude entstanden vor 100 Jahren auf den Mauern eines umgebauten Klosters. Herzog Moritz ließ hier vor 450 Jahren die berühmte Landesschule (auch Fürstenschule genannt) einrichten. Davon gab es nur drei im Kurfürstentum Sachsen.

Die Sommerhäuschen auf der Stadtmauer

Gleich daneben erhebt sich die **Klosterkirche**. Sie wurde in den letzten Jahren mit viel Geld äußerlich renoviert.

Das **Heimatmuseum** in der Paul-Gerhardt-Straße zeigt nach einer umfassenden Renovierung Gegenstände zur Geschichte der Stadt und hält seine Türen weit offen.

Weißt du, wer Paul Gerhardt war? Ein Liederdichter. Vielleicht hast du schon mal ein Lied von ihm gesungen?

„Geh aus, mein Herz, und suche Freud
in dieser lieben Sommerzeit ..."

Die Paul-Gerhardt-Straße hat noch eine Besonderheit. Hinter den Häusern zur Mulde hin erhebt sich entlang des Flusses eine drei Meter hohe **Stadtmauer**. Sie schützte die Bewohner der Stadt. Das Mauerwerk hielt aber auch die Muldenhochwasser vom Stadtinnern fern. Auf dieser Mauer bauten die damaligen Hausbesitzer ihre Sommerhäuschen. Diese stehen heute noch dort. Das bekannteste ist die **Stolle-Gartenlaube** hinterm Stollehaus.

Du kannst dir sicher denken, woher die anschließende Mühlstraße ihren Namen hat. Hier steht die **Großmühle**. Sie ist eine der ältesten von Sachsen. Ihre Mahlwerke treiben Muldenwasser an. An einer Hausecke zeigen Striche und Jahreszahlen, wie hoch das Wasser in dieser Straße mal gestanden hat. Weite Stadtteile waren damals überflutet. Stelle dich mal daneben! Du wirst staunen.

Marschiere nun weiter an der Mulde entlang. Auf einem Felsen steht die **Gattersburg**, die mit ihrem Turm eines der Wahrzeichen Grimmas ist.

Das Muldenwehr an der Großmühle

Dann erreichst du eine **Bärenburg**. Dort spielen oder schlafen die braunen Gesellen. Hier ist auch die Anlegestelle für kleine **Fluss-Schiffe**, die dich flussaufwärts bis nach Höfgen bringen.

Über eine **Hängebrücke** gelangst du an das andere Ufer in den **Stadtwald**. Der Weg flussabwärts auf der anderen Muldenseite führt auf der ehemaligen Trasse der **Muldentalbahn** (1877 bis 1945) entlang. Die Gleise wurden nach dem Zweiten Weltkrieg entfernt. Du kannst auch das Steilufer emporklettern und den Höhenweg benutzen. Hier stehen zwei steinerne Denkmäler. Das eine erinnert an den Schulrat J.A. Köhler (1805–1886), das andere an F. Stolle (1806–1872).

Die Altstadt von Grimma mit Mulde und Stadtwald aus dem Hubschrauber fotografiert

Der Blick über die Mulde hinüber zur Stadt öffnet immer wieder neue Bilder.

Nach einem knappen Kilometer erreichst du die alte **Steinbrücke**, über die du zurück zum Parkplatz gelangst. Das historische Bauwerk, in der Vergangenheit schon mehrmals zerstört, hielt dem heutigen Lastverkehr nicht mehr stand. Deshalb entstand 1996 ein Stück weiter flussabwärts eine neue **Betonbrücke**.

Das Wasser der Mulde fließt an den Dörfern und den kleinen Städten vorbei in Richtung Wurzen. Mit einer Flaschenpost kannst du deinem Schulfreund eine Nachricht übermitteln. Vielleicht schreibst du ihm, dass Grimma eine interessante Stadt ist?

Die Stadt Wurzen:

Im Rosental duftet es nach frischen Keksen

Nicht nur die Mulde hat der Stadt einen Beinamen gegeben. Es gibt noch mehr: Ringelnatzstadt, Bischofstadt, Domstadt, Keksstadt. Kennst du weitere?

Nun los! Beginnen wir unsere Wanderung am **Bahnhof**. Er gehört mit zu den ältesten in Deutschland, wurde aber mehrmals umgebaut. 1838 traf hier der erste deutsche Fernzug ein. Er kam aus Leipzig.

Gegenüber liegt der **Alte Friedhof**. Hier werden schon lange keine Toten mehr bestattet. Vor 400 Jahren waren es 1 200 Wurzener, Kinder und Erwachsene. Sie starben in wenigen Jahren an der Pest. Die Stadtväter ließen damals zur Erinnerung an dieses schlimme Ereignis auf den Massengräbern ein Denkmal in Form eines offenen

Denkmal zur Erinnerung an die Toten des Ersten Weltkrieges

Häuschens errichten. Dieses **Pesthäuschen** steht heute noch. Auch der **Pestkarren**, mit dem die Toten aus der Stadt gefahren wurden, ist erhalten. Er befindet sich im Museum.

Unter den mächtigen Linden erhebt sich ein weiteres **Denkmal**. Eine Mutter hält die Hand eines toten Soldaten. Diese bronzene Gruppe erinnert an die 700 Söhne und Väter, die aus dem Ersten Weltkrieg nicht wieder zurückgekehrt

Der Wurzener Markt mit dem Ringelnatzbrunnen am Abend

Luftbild von Wurzen

sind. Im Zweiten Weltkrieg wurden noch mehr getötet. Hoffentlich waren es die letzten, die in einen Krieg ziehen mussten.

Nun weiter ins Stadtinnere. An der **Wenceslaikirche** musst du den Kopf ganz hoch recken, um die Uhr am 52 Meter hohen Turm zu erkennen. Dort oben wohnte bis 1911 ein Türmer. Der Mann musste zu jeder vollen Stunde ins Horn blasen. Vor allem spähte er nach Feuer aus. Dann blies er kräftig und lang ein „Feurioh". Die Brötchen zog er an einer Leine nach oben. Bestimmt auch noch andere Dinge. Du kannst jetzt wieder dort hinaufsteigen. Sind es wirklich 160 Stufen? Wenn du außer Puste bist, merkst du, dass du zu wenig Sport getrieben hast. Der Aufstieg lohnt sich auf jeden Fall. Du findest im Türmerstübchen nicht nur manche Gegenstände, die der alte Türmer benutzt hat, sondern hast auch einen einzigartigen Rundblick über die Stadt und das Wurzener Land.

Über das holprige Pflaster der Wenceslaigasse erreichen wir den **Markt**. Im Marktbrunnen plätschert das Wasser. Auf dem Seepferdchen hockt

Joachim Ringelnatz. Du kannst dich dazu setzen. Es ist ruhig hier. Nur an Markttagen gibt es viel Betrieb. Rundherum stehen alte und neuzeitliche Häuser. Das Alte Rathaus wurde total erneuert. Drinnen stapeln sich in einer Bibliothek Tausende von Büchern, die du ausleihen kannst. Aber nicht alle auf einmal!

Über die **Liegenbank**, das ist ein erhöhter Weg, biegst du nun in die Domgasse ein. Die meisten Häuser sind wunderbar erneuert, ebenso das **Museum**, das sich im schönsten Haus von Wurzen befindet.

Am Domplatz stehen Dom und **Schloss**. Die dicken Wände des Schlosses wurden vor 500 Jahren gemauert. Damals regierten die meißnischen Bischöfe in Wurzen. Jetzt hat ein Polizeiposten hier seinen Sitz.

Der **Dom** daneben leuchtet im strahlenden Weiß. Seine beiden Turmspitzen tragen rotbraune Kupferhauben. Die Grundmauern des Gebäudes sind über 900 Jahre alt. Mehrmalige Umbauten veränderten das Aussehen. Die modernen Heiligenfiguren im Innern stehen in einem starken Kontrast zum mittelalterlichen Bauwerk.

Der **Domplatz** ist ein altes Siedlungsgelände von Wurzen. Hier befand sich auch der Sitz des **Burgwards**, der im Jahre 961 als einer der ersten in Sachsen erwähnt wurde.

Die Häuser rundherum stammen aus der Zeit von vor hundert Jahren. Das gewaltige Schulgebäude war ursprünglich eine Mädchenschule. Dann gingen Jungen und Mädchen gemeinsam in die Diesterwegschule. 1998 erfolgte eine gründliche Erneuerung. Jetzt lernen Berufsschüler in modernen Fachräumen für ihren Beruf.

Das Posttor am Crostigall

Blick aus dem Türmerstübchen der Wenceslaikirche

Über die **Schultreppen** hinab kannst du ins Rosental steigen. Das ist eine kleine Parkanlage.

Ein Stück weiter streben seit 1927 die beiden mächtigen 64 Meter hohen Türme der **Mühlenwerke** in den Himmel. Auch sie wurden in den letzten Jahren prächtig erneuert. Auf dieses Wurzener Wahrzeichen kannst du stolz sein. Die Werke liefern Mehl, Reis und Erdnussflips.

Daneben steht seit 1998 eine der modernsten **Großbäckereien** Europas. Die alten Gebäude waren ein Jahr zuvor einem Großfeuer zum Opfer gefallen. Nun backen wieder jede Menge Kekse und anderen leckere Köstlichkeiten auf den Förderbändern. Wenn die Düfte herüberwehen, dann bekommst du sicher Appetit. Aber noch erfreulicher ist bestimmt, daß hier 300 Frauen wieder eine Arbeit gefunden haben.

Durch die schmale Postgasse erreichst du den **Crostigall**. Er ist eine alte Wurzener Straße. Hier rollten vor zweihundert Jahren die Postkutschen durch das einzigartige **Posttor** aus dem Jahre 1734 in den Posthof.

Am Crostigall steht das Geburtshaus von Joachim Ringelnatz. Der Schelm ruft uns noch einen Kinderreim nach:

„Der Klapperstorch hat krumme Beine.
Die Kinder werfen ihn mit Steine.
Aber Kinder bringt er keine."

Die Stadt Bad Lausick:

Aus der Erde kam heilkräftiges Wasser

Die Stadt gehört seit 1994 zum Muldentalkreis. Sie ist weithin bekannt. Nicht nur wegen der **Kilianskirche**, die der älteste Kirchenbau in Sachsen ist. Jedes Jahr kommen viele Kranke nach Bad Lausick, um hier Heilung zu finden.

Beim Abbau von Braunkohle vor 175 Jahren entdeckten die Bergleute **Heilquellen**. Bald danach entstanden Kurhäuser und ein Kurbad. Das Wasser enthielt hohe Mengen von Eisen. In Verbindung mit Moor ließen sich schmerzhafte Krankheiten in den Gelenken lindern. Die Kurgäste mussten dann in eine Badewanne mit warmem schwarzem Schlamm steigen. Auch heute werden Moorpackungen verabreicht. Der Kurbetrieb hat sich in den letzten Jahren erweitert. Es wurden zwei moderne **Kliniken** gebaut, in denen Herz- und Kreislauferkrankungen sowie Krankheiten in den Gelenken geheilt werden können.

Das neue Kurmittelhaus und Kurhotel

Im romantischen **Kurpark** wachsen große alte Bäume. Dort stehen noch die zwei Häuschen, die über den Heilquellen errichtet worden sind. Das eisenhaltige Wasser fließt in die Empfangshalle des neuen Kurhauses, wo es kostenlos getrunken werden kann.

Im Kur- und Freizeitbad „Riff"

Das neueste Bauwerk ist seit 1995 ein supermodernes **Erlebnisbad**. Und wenn es draußen noch so kalt ist, hier kannst du schwimmen und rutschen, wie es dir gefällt. An den Wochenenden tummeln sich oftmals über tausend Kinder und Erwachsene im „**Riff**".

Die Kurstadt Bad Lausick hat eine schöne Umgebung mit wechselvollen Landschaften und sehr reizvollen Dörfern. Von der neuen und modernen **Jugendherberge in Buchheim** aus kannst du ausgiebige Wanderungen durch den Colditzer Forst unternehmen. An mehreren Stellen wirst du dort merkwürdige historische Gedenksteine finden. Einen Besuch in der **Ballendorfer Windmühle** solltest du nicht versäumen.

Die Stadt Brandis:
Mit dem Flugzeug hoch hinauf in die Lüfte

Ein Wahrzeichen der kleinen Stadt hat die Natur geschaffen. Es ist der 179 Meter hohe **Kohlenberg**. Du kannst ihn von allen Seiten aus besteigen. Aber du musst vorsichtig sein! Das Gestein wurde in zwei Steinbrüchen abgebaut. Es entstanden tiefe Löcher. Die Brüche sind seit langem stillgelegt. Der eine wird von jungen Bergsteigern der **Leipziger Kletterschule** zum Üben genutzt. Im anderen hat sich viel Wasser angesammelt. Von der Bergkuppe aus hast du einen weiten Rundblick übers Land bis zu den Türmen von Leipzig.

Am Fuß des Berges liegt der **Kohlenbergteich**, ein Paradies für Wasservögel. Dort steht das riesige Gebäude einer **Reha-Klinik**. Darin werden Kranke gesund gepflegt, die unter Störungen des Hirns, der Sprache und der Bewegungen leiden.

Im Stadtzentrum befindet sich das **Schloss** aus dem Jahre 1727. Hier verbringen seit einigen Jahrzehnten alte Leute ihren Lebensabend. Im gepflegten **Park** wachsen seltene Bäume.

Auf dem Flugplatz in Waldpolenz

Weiter draußen in Richtung Polenz liegen mehrere **stillgelegte Tagebaue**. Hier wurden jahrzehntelang Ton und Braunkohle aus der Erde geholt. Das eine Restloch ist jetzt ein Naturbad, in dem anderen wird Müll verkippt.

In Waldpolenz summt und brummt es. Kleine einmotorige Flugzeuge landen und starten auf einem **Flugplatz**. Du kannst hier mit Vati und Mutti zu einem Rundflug über deine Heimat einsteigen. Natürlich musst du vorher einen Flugschein kaufen. Es ist ein unvergessliches Erlebnis, dein Dorf oder deine Stadt von oben zu betrachten.

Blick über die große Schlossanlage zum Brandiser Markt und Kirchturm

Die Stadt Colditz:

Die Fluchtgänge sollten in die Freiheit führen

Wenn du nach Colditz kommst, musst du aufpassen. Solltest du nämlich über die **Schwindelbrücke** gehen, dann könntest du dort in die Tiefe stürzen. Doch sei beruhigt. Das passiert nur dem, der gelogen hat. Wenn du die Brücke glücklich überschritten hast, erreichst du den **Heimatturm**. Du kannst ihn besteigen. Unter dir liegt eine romantische Muldenlandschaft mit Wiesen, Wald, Siedlungen und tiefen Tälern.

Im Talkessel erstreckt sich zu beiden Ufern der Zwickauer Mulde die Stadt Colditz. Besonders hebt sich das **Schloss** heraus. Es hat eine wechselvolle Geschichte mit unterschiedlichen Besitzern. Nach 1800 war hinter den Mauern eine Anstalt für geistig Behinderte eingerichtet und 1933/34 sogar ein Konzentrationslager. In den letzten Jahren enthielt es ein Krankenhaus. Jetzt wird eine neue Verwendung gesucht.

Sehr bekannt wurde das Schloss im Zweiten Weltkrieg. Da diente es als Gefangenenlager für vorwiegend englische Offiziere. Diese versuchten mit allen Mitteln, aus dem Schloss zu fliehen. Sie gruben Gänge unter die dicken Mauern und bastelten sogar ein Segelflugzeug. Einige der Gegenstände, die zur Flucht dienten, liegen heute im **Museum** der Stadt.

Am Markt stehen schöne alte Häuser. Besonders das **Rathaus** von 1657, die Schweden hatten das alte abgebrannt, ist ein prächtiges Bauwerk. Dort kannst du am hohen Giebel zu jeder vollen Stunde über der Uhr ein amüsantes Schauspiel beobachten: Da richten sich nämlich zwei vergoldete Ziegenböcke auf und stoßen klangvoll gegeneinander.

Die Stadt war wegen ihrer Erzeugnisse aus Steingut und Porzellan bekannt. Im **Porzellanwerk** ruht jetzt das geschäftige Treiben.

In der **Jugendherberge** kannst du mit der Klasse übernachten und schöne Wanderungen machen. Ein Ziel wird bestimmt der **Colditzer Forst** sein. Oder der über 450 Jahre alte **Tiergarten** mit seinem Damwild und Rehen. Dort könnt ihr euch im modernen **Waldbad** so richtig austoben.

Das Colditzer Schloss aus der Luft gesehen

Die Stadt Mutzschen:

Mit Hacke und Spaten in die dicke Lehmschicht

Die Stadt liegt in einer hügeligen Landschaft. Ein schmaler Bach, das **Mutzschener Wasser**, hat hier ein kleines Tal geformt. Wenige Kilometer östlich der Stadt erstreckt sich der **Wermsdorfer Wald**. Dazwischen glitzern große Seen. Menschen haben sie vor vielen Jahren zur Fischzucht angelegt. Dafür werden sie noch immer genutzt. Du kennst bestimmt ihre Namen: **Horstsee** (dort kannst du rudern), **Göttwitzsee**, **Döllnitzsee**, **Rodaer See** (mit Bad und Zeltplatz). Eine Mutzschener Fabrik räuchert einen Teil der Karpfen und Forellen. Hast du schon mal Fisch gegessen? Er ist sehr gesund.

Mutzschen hat eine „Unterwelt". Das sind Keller und Gänge, die in eine mächtige Lehmschicht gegraben sind. Den Lehm verwendete man mit zum Hausbau. In den Kellern lagerten die Ackerbürger ihre Lebensmittel und das Bier. Vielleicht dienten die unterirdischen Gelasse auch dem Schutz der Bewohner vor Feinden. Da in letzter Zeit einige Straßen einbrachen, wurde die „Unterwelt" teilweise verfüllt.

Auf dem Schlossberg steht das **Schloss**. Es erhielt vor 250 Jahren seine heutige Gestalt. Seit über 30 Jahren ist darinnen eine **Jugendherberge** eingerichtet.

Am Fuße des Felsens fanden Einwohner sonderbare Steine, die sie „**Mutzschener Diamanten**" nannten, weil diese im Innern funkelnde Quarzkristalle enthielten. Einige davon liegen in der Mutzschener **Heimatstube**. Vielleicht hast du Glück und findest noch welche im Mutzschener Wasser?

Am Töpfermarkt solltest du unbedingt bei „**Storchen-Berger**" anklopfen. Seit 30 Jahren sorgt sich der Mann um die Mutzschener Störche, die auf dem Schornstein der ehemaligen Brauerei ihr Nest gebaut haben. Herr Berger hat sie jedes Jahr gezählt und beringt. Eine Tafel an seinem Haus gibt darüber Auskunft.

Im Mutzschener Schloss befindet sich eine Jugendherberge

Die Stadt Naunhof:
Im Sommer kommen viele tausend Badegäste

Wenn die Sonnenstrahlen das Wasser erwärmen, dann dauert es nicht lange, bis die Badefreunde in Richtung Naunhof losziehen. Das saubere Wasser der **Seen** und der feinkörnige Sandstrand locken die Badegäste in Scharen an. Bist du auch dabei? Du verlässt doch den Strand wieder so ordentlich, wie du ihn vorgefunden hast?

Hier in der weiten Ebene lagern dicke Schichten **Sand** und **Kies**. Bagger holten davon gewaltige Mengen für den Bau der nahen Autobahn und für ein Betonwerk aus dem Boden. Zurück blieben riesige Kiesgruben, die sich mit Wasser füllten. Sie sind heute die herrlichen Badeseen.

In den Sandschichten fließt ein starker unterirdischer **Grundwasserstrom**. Seit nunmehr über 100 Jahren fördern zwei Wasserwerke bei Naunhof große Mengen von diesem selbstgereinigten Wasser. Sie pumpen es nach Leipzig und versorgen dort die Bevölkerung.

Die Stadt ist auf drei Seiten von **Wald** umgeben. Er war schon immer ein Anziehungspunkt für die Wanderer und Ausflügler aus der nahen Großstadt. Wohlhabende Leute bauten hier ihre Villen und schufen damit eine weithin bekannte „Sommerfrische".

Luftbild auf den Ammelshainer See und die Autobahn

Kartoffeln gehören auf jeden Mittagstisch. Sie sind sehr gesund. Im Mittelalter wuchsen sie im Sachsenlande noch nicht. Seefahrer brachten sie aus dem fernen Amerika mit. Es dauerte lange, bis die Bauern überzeugt waren, die „Erdäpfel" anzubauen. Naunhofs **Pfarrer Ungibauer** ging mit gutem Beispiel voran. Er pflanzte sie vor 250 Jahren auf den Pfarrfeldern an und ließ die Leute davon kosten. Sogar von der Kanzel predigte er für den Kartoffelanbau. Die Leute nannten ihn den **„Kartoffel-Pastor"**.

Lustiges Spiel vor der Grundschule in Naunhof

Die Stadt Nerchau:

Wegen „Pumpernickel" gab es einen Bierkrieg

Die Stadt hat als eine der wenigen im Muldentalkreis bereits eine 1000-Jahr-Feier begangen. Hoch über der Mulde schützte ein befestigter **Burgwardsitz** die Ansiedlung der deutschen Siedler. Dort wurde später auch die Kirche gebaut. Doch Nerchau blieb im wesentlichen eine Stadt von Ackerbürgern und Handwerkern.

In der Flussaue lag ein weites Wiesengelände mit dem Gemeindeteich. Dort weidete im vorigen Jahrhundert der Gemeindehirt große Scharen von Federvieh. Deshalb erhielt die Stadt den freundlichen Spottnamen **„Gänse-Nerche"**.

Das Recht zum Bierbrauen wurde ausgiebig genutzt. Die Städter brauten ein Schwarzbier mit dem Namen **„Pumpernickel"**. Weil es gut schmeckte, lieferten sie es in die weitere Umgebung. Das passte den Grimmaern nicht. So kam es 1559 zwischen beiden Städten zu einem Bierkrieg. Er endete glücklicherweise unblutig.

Frau Kunath pflegt das Italienergrab

Die **Bergkeller** im Kirchberg erinnern an die Zeit, als die Bauern das Bier noch selbst brauten. Dort lagerten sie nämlich den Gerstensaft. Er blieb in den kühlen Räumen länger haltbar.

Seit 1971 überspannt eine dreißig Meter hohe **Autobahnbrücke** die Mulde nahe der Stadt.

Dort am Rand des Döbener Waldes liegt neben der Straße ein **einsames Grab**. Es erinnert an acht Italiener. Sie fanden in den Maitagen des Jahres 1945, als der Zweite Weltkrieg schon zu Ende war, versehentlich durch amerikanische Geschosse den Tod. Seit vielen Jahren pflegt eine Frau aus Nerchau das Grab. Sie erhielt dafür vom Bundespräsidenten das Bundesverdienstkreuz.

Die Eingänge zu den Bergkellern im Nerchauer Kirchberg sind aus Sicherheitsgründen teilweise zugefüllt.

Die Stadt Trebsen:

In der Kirche liegt das älteste steinerne Mädchen von Sachsen

Das Schloss in Trebsen

In vielen Dörfern und allen Städten des Muldentalkreises überragt der Kirchturm das Häusermeer. Das ist in Trebsen nicht anders, nur fällt die **Kirche mit der Zwiebelhaube** besonders auf. Das Gebäude birgt einen kostbaren Schatz. Im Kirchenschiff liegt nämlich das älteste Mädchen von ganz Sachsen. Es ist die **Judita**, die vor 900 Jahren gestorben ist. Ein unbekannter Bildhauer hat sie damals in Stein gemeißelt. Der Grabstein des hübschen Mädchens mit den langen Zöpfen ruhte jahrhundertelang umgekehrt im Fußboden. Heimatforscher entdeckten ihn und stellten ihn neu auf.

Sehr bekannt ist das Trebsener **Schloss**. Seit Jahren wird dort gemauert und gezimmert, damit dieses wertvolle Bauwerk erhalten bleibt. In seinen Mauern herrscht schon jetzt ein reges Leben. Junge Menschen erlernen hier einen Beruf, ältere Handwerker in Lehrgängen neue Kniffe.

Zu Veranstaltungen im Schloss liefern sich hier ritterähnliche Gestalten einen Kampf. Der endet aber stets friedlich mit einem Umtrunk.

Die Mauern des Schlosses spiegeln sich in der Mulde. Gegenüber mündet das Mutzschener Wasser in den Fluss. Dort kannst du den seltenen **Biber** beobachten. Allerdings ist er sehr scheu.

Etwas abseits von der Stadt recken sich mächtige **Silotürme** in die Höhe. Darin lagert Getreide. So hat der Bäcker auch im Winter Mehl.

Die Türme daneben enthalten Splitt und Schotter. Der **Trebsener Collm** wird hier nach und nach abgetragen und im Schotterwerk zerkleinert.

Nahe der Stadt qualmt ein hoher Schornstein. Der Betrieb verarbeitet Altpapier zu Zellstoff. Daraus werden **Papiersäcke** hergestellt.

In dem Städtchen scheint doch allerhand los zu sein.

Der Grabstein der Judita in der Trebsener Kirche

Vom Wandern:

„Ich bin der Meinung, daß alles besser gehen würde, wenn man mehr ginge."

Das sagte einmal Johann Gottfried Seume. Ob er Recht hatte? Er war noch ein richtiger Wanderer. Im Jahre 1802 lief er in 9 Monaten zu Fuß von Grimma bis nach Syrakus und zurück. Das ist eine Stadt auf der Mittelmeerinsel Sizilien. Ein Flugzeug braucht heute dazu wenige Stunden.

Doch ehe du mit deinen Eltern dort Urlaub machst, solltest du erst deine Heimat kennenlernen. Ich will dir die besten Wanderziele nennen. Beginnen wir die Reise im Norden des Kreises.

In den Hohburger Bergen lebt der Siebenschläfer

Das kleine Nagetier ist sehr scheu. Es verschläft viele Monate in Baumhöhlen und Nistkästen. Das Hügelland wird wegen seiner Schönheit auch „Hohburger Schweiz" genannt. Es besteht aus mehreren Bergkuppen. Die höchste ist der Löbenberg mit 240 Metern. Am Fuße des Kleinen Berges (Naturschutzgebiet!) liegt ein großer See. Hier wurde in einem Tagebau bis 1965 Kaolin abgebaut.

Im Museum Steinarbeiterhaus lernst du das Leben der Familie im Haus und das Arbeiten der Steinarbeiter in den Steinbrüchen kennen. Im nahen Großzschepa findest du in einem alten Dreiseithof ein bäuerliches Museum.

Im Park Machern steht eine merkwürdige Ruine

Es ist keine richtige! Der frühere Besitzer ließ das Bauwerk vor 200 Jahren gleich als Ruine erbauen. Auch eine Pyramide hat er errichten lassen. Darin wurde in Urnen die Asche der Verstorbenen aufbewahrt. Ist das nicht eine merkwürdige Geschichte? Der Park hat noch weitere Sehenswürdigkeiten. Im Schloss der einstigen Adelsfamilie von Lindenau gibt es jetzt eine Gaststätte und ein Hochzeitszimmer.

Ein Stück weiter weg von Machern liegen die Lübschützer Teiche. Dort befindet sich ein Zeltplatz. Das Baden ist abhängig von der staatlichen Genehmigung, aber Rudern ist immer möglich.

Das Museum Steinarbeiterhaus in Hohburg

Das Rosentor im Macherner Park

Von Püchau durch die Muldenaue zum Kollauer Wehr

Püchau ist in der urkundlichen Überlieferung der älteste Ort von Sachsen. König Heinrich I. fand hier 924 Zuflucht vor den angreifenden Ungarn. Das jetzige Schloss ist längst nicht so alt. Es wurde 1888 umgebaut und in den letzten Jahrzehnten als Alters- und Pflegeheim genutzt.

Von hier steigst du in den Park hinab und wanderst weiter durch die Aue zur Mulde. Diese Landschaft mit den Altwassern, den gewaltigen Eichen und den Flussschlingen zwischen Steil- und Flachufern ist einzigartig in Europa. Es ist ein wirklich kleines „Naturwunder" vor deiner Haustür.

Über eine sonderbare Fußgängerbrücke überquerst du den Fluss nach Canitz hinüber. In dem Bauwerk liegt nämlich ein dickes Rohr, worin das Trinkwasser vom Wasserwerk in Canitz nach Leipzig gepumpt wird. Wenn du dich auf den Boden legst, hörst du das strömende Nass vielleicht rauschen. Auf einem Schornstein nistet der Storch. Du wirst noch viele andere Vögel in der Aue beobachten können.

In Wasewitz erhebt sich eine kleine und feine Wehrkirche. Sie wird gern von Brautleuten als Hochzeitskirche benutzt. Ob die jungen und glücklichen Leute soviel Zeit haben, die farbenprächtigen Wandbilder zu betrachten? Die sind nämlich schon vor 500 Jahren gemalt worden.

Im Park des Püchauer Schlosses

Auf dem Wachtelberg blüht die Kuhschelle

In der Parthenaue vor dem Panitzscher Kirchberg

Das Schloss in Thallwitz ist gut erhalten. Der Park ist im Frühjahr von blühenden Blumen regelrecht übersät. Im Sommer spenden die mächtigen Bäume angenehmen Schatten. Bei Kollau stürzt das Wasser der Mulde über ein Wehr. Das ist ein gewaltiges Schauspiel.

In der Parthenaue zwischen Borsdorf und Panitzsch

Die Parthe durchfließt als zweitlängster Fluss das Muldenland. Sie entspringt im Glastener Wald und verlässt bei Panitzsch den Muldentalkeis. Eine Wanderung durch die Aue vermittelt naturnahe Eindrücke. Die Zweenfurther Lachen sind als Brutstätten von Wassergeflügel ein geschütztes Biotop. Im Dorf steht eine Reihe schöner Bauerngehöfte. Völlig anders erfolgte die spätere Besiedlung in Borsdorf. Entlang der Bahnlinien nach Wurzen und Grimma entstand hier ein Leipziger „Landhausvorort". Prächtige Villen mit Erkern und Türmchen bestimmen das Ortsbild. Man glaubt, in einer Stadt zu sein.

Über einen Wiesenweg entlang der Parthe gelangst du in das Pferdedorf Panitzsch. In den Koppeln und auf den Weiden tummeln sich rassige Tiere. Schon von weitem grüßt die Kirche auf dem Kirchberg. Das ist ein mächtiger Sandhügel, der bis zu 12 Meter hoch aus der Partheniederung herausragt. Die Eismassen vor 100 000 Jahren haben ihn zusammengeschoben. Davon gibt es in der hügligen Umgebung noch eine ganze Menge. Die Kinder lernen in einer sehr modernen Schule, die erst vor wenigen Jahren gebaut wurde.

Auf dem Wachtelberg blüht die Osterblume

Der Wachtelberg ist ein Naturschutzgebiet und liegt vor den Toren von Wurzen. Um die Osterzeit blüht hier die Kuhschelle, eine seltene Pflanze, auch Osterblume genannt. Vom 12 Meter hohen Turm aus hast du einen weiten Blick über das Wurzener Land. Die Türme von Wurzen liegen zum Greifen nah. Am Fuße des Wachtelberges bei Dehnitz kannst du mit einer Fähre über die Mulde hinüber nach Schmölen setzen oder mit einem kleinen elektrisch betriebenen Fahrgastschiff langsam und leise flussaufwärts bis zur Loreley bei Oelschütz schippern. Manchmal überholen dich schnelle Ruderboote, oder ein Reiher fliegt lautlos davon.

Westlich von Schmölen erstreckt sich über weite Flächen der Planitzwald. Dort kannst du stundenlang wandern, ohne jemanden zu treffen. Erst am NSG „Schmielteich" begegnest du einer Menge Fröschen und Kröten.

Die Windmühle in Kühnitzsch hat noch alle hölzernen Zahnräder

Getreide wird hier schon lange nicht mehr gemahlen. Heimatfreunde haben das hölzerne Bauwerk erhalten. Der „Museumsmüller" erzählt dir die Geschichte der Mühle. In dem kleinen Dorfmuseum im Schloss erfährst du manches aus der Schulzeit deiner Großeltern. Dort stehen auch alte landwirtschaftliche Geräte. Ein Bummel im April und Mai durch den Park zeigt dir eine Fülle von Frühlingsblühern.

Auf Johannas Höh' brennt es zur Sommersonnenwende lichterloh

Auf der kleinen Erhebung bei Pyrna steht zwar nur ein 13 Meter hoher Aussichtsturm, aber der Rundblick von hier oben zeigt dir die ganze Schönheit des Muldentalkreises: die Türme in den Dörfern und Städten, das Hügelland und die Ebenen mit den weiten Fluren, die Wälder und Baumgruppen.

Die Windmühle bei Kühnitzsch

Am Turm auf Johannas Höh' bei Pyrna

Einmal im Jahr treffen sich hier am Fuße des Turmes große und kleine Leute aus nah und fern. Ein Chor singt lustige Lieder, Kinder musizieren auf ihren Instrumenten. Wenn es dann finster wird, brennt ein mächtiger Holzstoß. Mit dem Johannisfeuer wird am Tage der Sommersonnenwende die kürzeste Nacht des Jahres gefeiert. Du weißt doch, in welchem Monat das ist?

Nicht weit von hier liegen die Hügelgräber bei Sachsendorf. Dort wurden vor 3 000 Jahren unsere Vorfahren begraben. Forscher haben die Gräber untersucht und wieder hergerichtet. Die Urnen enthielten die Asche der Verstorbenen. Sie befinden sich jetzt in Museen.

Das neue Bad in Burkartshain ist in den Sommermonaten ein weiterer Anziehungspunkt.

Die Buschwindröschen und Himmelschlüssel im Döbener Wald

Diese Wanderung sollte vor allem im Frühling erfolgen. Dann blühen nämlich hier in den schmalen Tälern Tausende von Frühjahrsblumen. Aber bitte keine pflücken! Du befindest dich in einem Naturschutzgebiet. Oben auf der steilen Felswand steht die „Feueresse". Diese geschwärzte Felsnadel ist ein merkwürdiges Gebilde der Natur. Von hier öffnet sich ein großartiger Blick auf den breiten Muldenstrom.

Es lohnt sich ein Abstecher zur nahen Deditzhöhe. Dort steht jetzt ein Funkturm. Du kannst in alle Himmelsrichtungen bis zum fernen Horizont schauen.

Blick von der Deditzhöhe zum Oschatzer Collm

Über den Rabenstein oder mit dem Motorschiff nach Höfgen

Wer diese Wanderung nicht macht, der hat etwas versäumt. Es gibt mehrere Möglichkeiten, von Grimma aus nach Höfgen zu gelangen. Eine lässt sich zu Fuß durch den Stadtwald über den Rabenstein machen, eine andere mit der Muldenschifffahrt flussaufwärts unternehmen. Nahe der Anlegestelle „Schiffsmühle" schwimmt unterhalb von Kaditzsch eine nachgebaute Schiffmühle in der Mulde. Am Museum Wassermühle Höfgen dreht sich noch ein Wasserrad. Ab und zu werden hier Brote im Museums-Backofen gebacken.

Der Weg führt dann zum Fährhaus an der Mulde. Nachdenklich wirst du die Hochwassermarken neben der Haustür betrachten. Mit der Fähre setzen wir über den Fluss und wandern bis zur Klosterruine Nimbschen. Vom ehemaligen Kloster siehst du nur noch wenige Reste, denn die Gebäude stehen schon einige hundert Jahre lang leer. Hier hat Katharina von Bora als Nonne gelebt. In der Osternacht des Jahres 1509 floh sie mit acht weiteren Nonnen nach Torgau. Später wurde sie die Frau von Martin Luther.

Die Muldenfähre zwischen Höfgen und Nimbschen

In Grethen stehen viele alte Feuerwehrautos

Von der Jugendherberge der Leipziger Naturfreunde bei Grethen aus lassen sich eine Reihe von Zielen erwandern: so der Müncherteich mit seiner vielfältigen Pflanzen- und Tierwelt, das Naturschutzgebiet „Alte See" in Grethen, der Windmühlenberg bei Großsteinberg. Eine Attraktion ist natürlich das Feuerwehrmuseum in Grethen. In einer ausgebauten Scheune stehen alte Spritzen und viele andere Geräte, die die Geschichte der Feuerwehr veranschaulichen.

Die Steine im Thümmlitzwald

Der Thümmlitz ist ein großes Waldgebiet. Lange und ruhige Wanderwege führen dich zu seltenen Steinen, die so manche Geschichte erzählen können: Teufelsstein, Schriftstein, Hutungssäule, Beatenkreuz, Lochstein. Auf dem Thümmlitzsee kannst du rudern, Baden ist wegen des schlechten Wassers noch nicht möglich. Das wird sich gewiss ändern. Bei Sermuth stehst du am Zusammenfluss von Zwickauer und Freiberger Mulde.

Die Türme des Podelwitzer Schlosses spiegeln sich in der Freiberger Mulde. Das Kleinod unter den ehemaligen Herrensitzen im Muldenland beherbergt jetzt eine Heimatstube. Dort werden unzählige Haushaltsgegenstände aufbewahrt, die noch Oma und Opa benutzten.

Im Colditzer Forst wird Birkenwasser gezapft

Es sieht ulkig aus, wenn im Frühjahr Glastöpfe an den Bäumen stehen. Birken sind angebohrt, und in die Behälter läuft ein weißer Saft. Früher wurde es dem Haarwasser hinzugefügt, jetzt für Trinkzwecke genutzt. Welch ein Unterschied! Gut beschilderte Wanderwege, an denen hin und wieder Schutzhütten stehen, führen auch hier zu merkwürdigen Steinkreuzen und zur Quelle der Parthe. Die neue Jugendherberge in Buchheim ist dafür ein geeigneter Ausgangspunkt.

Es gibt noch andere Wanderziele im Muldenland. Auch in den kleinen Städten kannst du interessante Geschichten hören. Oder schau doch mal um die Ecke deiner Haustür. Du musst nur die Augen richtig aufmachen!

An der Parthenquelle im Glastener Forst

Die Oberfläche:

Feuerspeiende Vulkane schufen viele Berge unserer Heimat

Die **Oberfläche** unserer heimatlichen Landschaft ist ein Ergebnis der Naturgewalten. Die meisten Berge und Hügel entstanden durch **vulkanische Tätigkeit** vor 280 Millionen Jahren. Das glühende Magma, das aus dem Erdinneren quoll, kühlte sich ab, und es bildeten sich die festen **Gesteine**.

Vor einer Million Jahren schoben sich von Norden her gewaltige **Eismassen** über das Land. Sie hobelten die Berge rund, brachten aber auch gewaltige Mengen Schutt mit.

Als das Eis taute, blieben dicke Schichten von rotem und gelbem Sand liegen. Du kannst das überall dort beobachten, wo eine Baugrube ausgehoben wird. Dazwischen befinden sich große und kleine runde Steine. Beim Ackern der Felder kommen sie nach und nach an die Oberfläche. Warum wohl werden sie **Findlinge** genannt, und warum müssen sie ständig abgelesen werden.

Schwarzer Bruch bei Altenhain

Blick über den Dorfteich in Watzschwitz zu den Hohburger Bergen, links der Kleine Berg, in der Mitte der Löbenberg

Der Wachhübel zwischen Raschütz und Erlbach

Altwasser der Mulde bei Wurzen

Durch die abgelagerten Sandschichten entstand eine **Ebene**. Da und dort ragen die Spitzen der Berge heraus. Meist sind diese Kuppen mit Wald bewachsen.

Wenn du die nebenstehende Karte verstehen willst, musst du unbedingt erst die Erklärung (Legende) am unteren Rand betrachten. Und was stellst du fest? Die Farbe Grün markiert weder Wald noch Wiese, sondern ein **Tiefland**. Dann ist noch das **Mittelgebirgsland** (braun) dargestellt, und schließlich findest du dort auch die **Gewässer** (blau) eingezeichnet. Alle diese Merkmale stellen die **Oberflächenformen** des Muldentalkreises dar.

In der Karte sind weiterhin wichtige Berge und Hügel mit ihren Namen und ihrer Höhe eingetragen. In deiner Umgebung gibt es bestimmt noch mehr.

Die **höchste Erhebung** im Muldentalkreis liegt ganz im Süden. Es ist der **Wachhübel** zwischen Raschütz und Erlbach mit 273 m Höhe. Der Wachhübel unterscheidet sich kaum von den anderen Erhebungen seiner welligen Umgebung („Hübel" ist übrigens eine ältere Bezeichnung für Hügel). Eine Starkstromleitung führt darüber hinweg, und die Bauern bestellen dort ihre Felder.

Ein ganz anderes Bild zeigt als zweithöchste Erhebung der **Löbenberg** in den Hohburger Bergen. Er ist zwar 30 m niedriger, aber seine Hänge steigen ziemlich steil hinauf. Du wirst es merken, wenn du mal hinaufkletterst. Prächtige Laub- und Nadelbäume wachsen an den Hängen und auf dem Gipfel.

Bäche und Flüsse haben sich im Laufe von Jahrtausenden ganz allmählich in das Gestein und in die Ebene eingeschnitten. So entstanden mal tiefe und mal flache **Täler**.

Fällt dir auf, dass die fließenden Gewässer vorwiegend nach Norden und Nordwesten ihren Lauf nehmen? Warum wohl? Ob das mit den Oberflächenformen zusammenhängt?

Die **Mulde** formte in weiten Teilen das Landschaftsbild deiner Heimat. Sie durchquert den Kreis von Süd nach Nord. Bei Lastau fließt sie als Zwickauer Mulde in den Muldentalkreis hinein, bei Kollau dann verläßt die Mulde ihn wieder. Auf diesem Weg von 55 km Länge hat sie ein Gefälle von 40 Metern.

Berge, Hügel, Täler, Flüsse, Bäche, Teiche und Seen geben dem Tief- und Hügelland zu beiden Seiten der Mulde abwechslungsreiche Formen. **Deshalb ist unsere Heimat so schön.**

Wenn du in Grimma auf dem Marktplatz stehst, dann befindest du dich in 128 Meter Höhe. Wie ist das möglich? Du hast doch gar keinen Berg bestiegen!

Zum Naturschutz:

Im Döbener Wald leuchtet der Feuersalamander

Die Natur ist unser Lebensraum. Damit Pflanzen, Tiere, Steine, Wälder, Teiche, Wiesen und ganze Landschaften erhalten bleiben, müssen wir sie schützen. Deshalb hat der Staat **Gesetze zum Schutz der Natur** erlassen.

Es gibt Schutzgebiete und einzelne Naturdenkmale. Sie sind mit der Eule, dem Zeichen des Naturschutzes, gekennzeichnet.

Naturschutzgebiete (NSG)

In diesen Gebieten bleibt die Natur so, wie sie ist. Dort dürfen überhaupt keine Änderungen erfolgen, Wege nicht verlassen, Blumen nicht gepflückt werden. Naturschutzgebiete im Muldentalkreis sind:

1. Kleiner Berg Hohburg mit den Wind- und Gletscherschliffen und dem Siebenschläfer
2. Reichenbacher Berg bei Dornreichenbach mit der Graslilie und der Schwalbenwurz
3. Polenzwald bei Brandis mit seinen Eichen und Linden
4. Wachtelberg – Mühlbachtal bei Dehnitz mit der Kuhschelle (Osterblume)
5. Döbener Wald mit seinen Frühlingsblühern, der Gebirgsstelze und dem Feuersalamander
6. Alte See bei Grethen mit dem Erlenbruch
7. Rohrbacher Teiche mit zahlreichen Wasservögeln
8. Kirstenmühle am Schanzenbachtal mit Märzenbecher und Eisvogel
9. Am Spitzberg zwischen Lüptitz und Wurzen mit seinem Trockenrasen
10. Haselberg – Straßenteich bei Ammelshain mit wärmeliebenden Pflanzen und Tieren
11. Kohlbachtal im Colditzer Forst mit seinen Schmetterlingen
12. Schmielteich Polenz im Planitzwald mit zahlreichen Fröschen und Kröten

Seltene Tiere, die wir in unserer Heimat beobachten können (von oben nach unten):
Eisvogel – Schwalbenschwanz – Feuersalamander

Flächennaturdenkmale (FND)
Das sind kleinere Landschaften wie Feldgehölze, Wiesen, Teiche, Flußabschnitte. Im Muldentalkreis sind davon 102 unter Schutz gestellt. Du findest bestimmt welche in deiner unmittelbaren Umgebung.

Naturdenkmale (ND)
Das sind vor allem Einzelbäume, Baumgruppen und Gesteine. Davon stehen im Muldentalkreis 93 Objekte unter Schutz.

Landschaftsschutzgebiete (LSG)
Etwas mehr als ein Drittel der gesamten Fläche des Muldentalkreises ist als Landschaftsschutzgebiet ausgewiesen. Dazu gehören alle größeren Waldgebiete und die Landschaften an der Mulde und der Parthe. In diesen Gebieten dürfen alle Maßnahmen zum Bau von Gebäuden, Industrieanlagen, Straßen usw. nur nach gründlicher Prüfung erfolgen.

Das NSG Alte See bei Grethen (rechts oben)

Das Naturdenkmal Buschs Eiche bei Püchau

Müll liegt in den Wäldern, Pflanzen werden vergiftet, Felder für Gewerbegebiete zubetoniert, der Regenwald in Afrika wird abgeholzt. Was beobachtest du in deiner Umgebung? Allen, die so mit der Natur umgehen, sollten wir zurufen: Wenn wir die Erde misshandeln, werden wir eines Tages ihren Schmerz am eigenen Leibe spüren!

Der Wald:

Mit dem Topf in die Heidelbeeren

Das kennst du vermutlich nur aus Erzählungen von Opa und Oma. Auch ich mußte als Kind in den Kriegs- und Nachkriegsjahren zur Heidelbeerzeit einige Wochen lang in den Wald zum Heidelbeerpflücken. Es dauerte viele Stunden, bis der Eimer mit den blauen Früchten gefüllt war. Die Mücken und ständiges Bücken sorgten dafür, dass ich diese Tätigkeit nicht gerade freudig machte. Wir tauschten einen Teil der Beeren gegen Mehl und andere Nahrungsmittel ein.

Der Wald bietet nicht nur Beeren. Er gibt uns viel mehr, ja **wir brauchen ihn** für unser Leben: Holz, Tiere, Jagd, Pilze, Sauerstoff, Klima. Und wie schön ist es, im Wald zu wandern. Deshalb werden die Wälder nicht weiter verkleinert, sondern eher erweitert. Ein Beispiel dafür findest du auf dem einstigen Manövergelände bei Wurzen.

Waldweg in der Dahlener Heide

Am Reichenbacher Berg – welch' ein Widerspruch!

Vor 10 000 Jahren war unser gesamtes Heimatgebiet fast gänzlich mit Wald bedeckt. Die ersten Menschen, die damals hier lebten, durchstreiften als Jäger und Sammler das Land. Als sie allmählich sesshaft wurden, brauchten sie Ackerland. Dafür **rodeten** sie in schwerer Arbeit immer mehr Waldflächen. Übrig blieben dann vor einigen hundert Jahren die Wälder, wie wir sie heute vorfinden. Sie verteilen sich inselartig über das Kreisgebiet und sind in den Karten eingetragen. Vielleicht gibt es in deinem Dorf noch kleinere Restbestände. Bestimmt hast du dort mit deinen Freunden schon gespielt. Sorge dafür, dass sie nicht als **Müllkippe** missbraucht werden.

Dem Wald droht in den Sommermonaten eine weitere Gefahr. Wenn es wochenlang nicht geregnet hat, dann brennen sehr leicht und schnell das dürre Reisig und die trockenen Blätter. Deshalb muss jegliches Feuer vom Wald ferngehalten werden, vor allem die glimmende Zigarette der Erwachsenen! Die Forstverwaltung sperrt alle Waldwege, wenn die höchste **Waldbrand-Warnstufe 4** im Radio ausgerufen werden muss. Der Wald darf dann nicht mehr betreten werden!

Ein gesunder Wald ist ein **Mischwald**. Dort wachsen verschiedene Baumarten. Du kannst sicher einige aufzählen. Beachte: Es gibt in unseren Wäldern keine Tannen, sondern nur Fichten!

Die Namen der Wälder enden auf **Wald, Forst, Berg, Holz** oder **Heide**. Das ist örtlich verschieden und hat geschichtliche Ursachen.

Aus einem Baum könnte man eine Million Zündhölzer herstellen, aber ein Zündholz kann eine Million Bäume vernichten!

Die Gewässer:

Die Bauern putzten ihre Pferde im Dorfteich

Der Muldentalkreis ist mit einem Netz von **Bächen** überzogen. Viele haben einen Namen, manche nicht. Sie sind einfach zu klein. Irgendwo hat jeder Bach eine **Quelle**. Du findest sie allerdings nur sehr selten.

Die Bäche **münden** fast alle in die Mulde, einige auch in die Parthe. Und wenn du dir die Karte auf Seite 27 genau anschaust, dann wirst du feststellen, dass sie alle in Richtung Norden oder Nordwesten fließen. Ob du die Ursache erkennen kannst?

Dort, wo die Menschen einen **Damm** in den Bach bauten, staute sich das Wasser, und es bildete sich ein **Teich**. Die vielen Teiche des Muldentalkreises sind alle durch Menschenhand entstanden. Sie wurden vor allem deswegen angelegt, weil die Menschen den Fisch als Nahrung brauchten.

Die **Dorfteiche** waren früher für die Bewohner sehr wichtig. Das Wasser diente bei Bränden **zum Löschen**. Die mit Stroh gedeckten Häuser wurden nämlich oft ein Opfer der Flammen. Die Enten und Gänse des ganzen Dorfes schnatterten auf dem Wasser. Der Wassermüller nutzte das angestaute Wasser zum Antreiben der **Wassermühle**. Der Dorfteich diente auch als **Pferdeschwemme**. Für die Jugend war er im Sommer ein wunderbarer **Badeteich** und im Winter eine herrliche **Schlittschuhbahn**. Nicht zuletzt wuchsen hier Wildpflanzen, und im Wasser tummelten sich Wildfische, Krebse und Frösche.

In den letzten Jahrzehnten flossen immer mehr **Abwässer** in die Teiche. Es entstanden tote Abwasserbecken mit stinkendem Schlamm. Seit einiger Zeit werden viele Teiche entschlämmt. Jetzt verschönern sie wieder das Dorfbild.

Es gibt auch große Teiche. Sie werden im Volksmund sogar **Seen** genannt. Du kennst be-

Pferdeschwemme vor 70 Jahren in Grethen (oben)
Weiher (kleiner Teich) in Förstgen (Mitte)
Die Parthe in Großbardau (unten)

Wintersport auf dem Dorfteich in Kleinzschepa

Muldenüberschwemmung 1995 bei Canitz

stimmt den **Horstsee** bei Wermsdorf oder den **Kaolinsee** bei Hohburg oder die **Autobahnseen** bei Naunhof. Einige sind ganz anders entstanden. Arbeiter holten hier wertvolle Bodenschätze aus der Erde: Sand, Ton, Kaolin, Steine. Als die Förderung eingestellt wurde, blieben tiefe Löcher zurück. In diesen stillgelegten Tagebauen und Steinbrüchen sammelten sich das Grundwasser und das Regenwasser. Weil keine Abwässer hineinflossen, blieb das Wasser sauber.

Die Muldenvereinigung im Luftbild

Die Mulde fließt zwischen engen Tälern und in weiten Auen

Die Mulde ist das größte **fließende Gewässer** im Muldentalkreis. Sie entstand aus den beiden Quellflüssen **Zwickauer** und **Freiberger Mulde**. Die Quellen liegen im Erzgebirge. Bei Sermuth vereinen sie sich zur Vereinigten Mulde, und bei Dessau mündet sie in die Elbe.

Meist hat der Fluss wenig Wasser. Dadurch ist er auch **nicht schiffbar**. Nur zwischen Grimma und Höfgen und seit kurzem auch von Dehnitz bei Wurzen nach Oelschütz schippern kleine Personenschiffe.

Mehrmals wurde das Wasser der Mulde und der Bäche durch **Wehre** gestaut. Es floss in einen **Mühlgraben**. An dessen Ende stand die Wassermühle mit dem Wasserrad.

Zahlreiche **Brücken** führen über die Mulde, die größte bei Nerchau als Autobahnbrücke. Da viele altersschwach waren, wurden sie in den letzten Jahren erneuert.

Früher gab es viele **Fähren**. Zwei davon sind übrig geblieben. Die eine verkehrt zwischen Höfgen und Nimbschen, die andere verbindet Dehnitz und Schmölen.

Ruderer treiben ihren Sport auf der Mulde, und **Angler** holen manchen Fisch heraus. Er kann auch wieder gegessen werden, weil das Muldenwasser von Jahr zu Jahr sauberer wird.

Das Kollauer Wehr

Zwischen Colditz und Nerchau fließt die Mulde in einem **engen Tal** mit teilweise steilen Ufern. Nördlich von Wurzen erweitert sich dieses Tal zu einer **breiten Aue**. Der Fluss pendelt hier in großen Schlingen durch die Ebene. Nach Überschwemmungen kann es passieren, dass die Mulde dann einen anderen Lauf nimmt. In den abgeschnittenen Flussschlingen bleibt das Wasser stehen, und es bilden sich kleine Seen. Sie werden **Altwasser** genannt und sind ertragreiche Anglergewässer. Der größte Hecht, der hier vor einigen Jahren gefangen wurde, war etwas über einen Meter groß.

Wehe aber, wenn es im Erzgebirge zu einer schnellen Schneeschmelze oder im Sommer zu starken Gewitterregen kommt. Dann tritt das Wasser der Mulde über die Ufer und **überschwemmt** weithin die Aue. Schutzdämme, auch **Deiche** genannt, verhindern eine Überflutung der Dörfer, die in der Aue liegen. In früheren Jahrhunderten stand das Wasser manchmal meterhoch auf dem Grimmaer Markt und in einigen Straßen von Colditz. Eines der größten **Hochwasser** kam im Juli 1954. Am Höfgener Fährhaus, am Fährhaus in Dehnitz und an der Mühle in Grimma zeigen **Hochwassermarken** an, wie hoch das Wasser in den vergangenen Jahrhunderten gestiegen war.

Das Muldental gab unserem Heimatkreis seinen Namen. Eine Begründung dafür lässt sich leicht finden.

Hochwassermarken am Höfgener Fährhaus

Die Dörfer:

Das Sackgassendorf hat nur eine Straße

Wie alt sind unsere Dörfer? Das ist schwer zu sagen. Sie entstanden vor etwa tausend Jahren. Es gibt dafür keine Geburtsurkunden. Lediglich Kühren hat einen Ansiedlungsvertrag aus dem Jahre 1154. Trotzdem feiern die Einwohner vieler Dörfer die runden „Geburtstage" ihres Ortes mit einem Volksfest. Sie legen dafür die allererste Erwähnung in einer Urkunde zugrunde.

Dörfer entstanden, als unsere Vorfahren, die Jäger und Sammler, sesshaft werden. Sie rodeten den Wald und bauten Holzhäuser. Mehrere Bewohner siedelten meist an einem Wege oder um einen Platz herum. Dadurch entwickelten sich verschiedene **Dorfformen**: Kleinere Siedlungen bildeten Rundlinge und Gassendörfer, größere wurden als Straßen- und Angerdörfer und als Haufendörfer angelegt.

Jahrhundertelang wuchsen die Dörfer nur langsam. Einige verschwanden auch wieder. Von

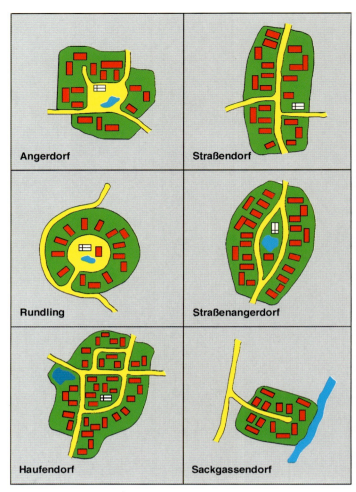

Dorfformen, wie sie im Muldentalkreis vorkommen

Dreiseithof in Meltewitz in der Erneuerung

ihnen ist in den Feld- und Waldfluren nichts mehr zu sehen. Nur in den Landkarten sind sie als **wüste Marken** verzeichnet.

Eine starke Veränderung begann mit dem Einzug der **Elektrizität** nach 1900. Jetzt entstanden in einigen Dörfern industrielle Anlagen und Arbeitersiedlungen.

Ein weiteres Mal veränderte sich das Dorfbild nach 1945. Einige Rittergüter und Gutshäuser wurden abgerissen. Neubauern bauten ihre Höfe. Später folgten einzelne städtische Wohnblöcke. Sie zerstörten leider die **alte Dorfanlage**.

Seit 1991 entstehen am Rande einiger Dörfer auf engem Raume neue Wohnsiedlungen von schmucken Eigenheimen. Ob sie die historische Dorfanlage bereichern?

Die Bauern legten ihren Hof sehr zweckmäßig an. Gebäude und Einrichtungen dienten dazu, die Familie mit den lebensnotwendigen Dingen zu versorgen. Wie hat nun ein solches **Bauerngehöft** noch vor Jahrzehnten ausgesehen?

Unsere Zeichnerin ist extra in einen Ballon gestiegen, um von dort aus mal in Ruhe einen **Dreiseithof** zu malen. Warum mag er wohl so heißen? Ob du die Einrichtungen und Anlagen in der Zeichnung findest, die damals zum Bauernhof gehörten? Ich will sie aufzählen, denn du wirst sie als Kind von heute nicht mehr alle kennen. Oder doch? Also:

Im **Wohnhaus** lebte die Familie des Bauern. Hinter der Küche war außen ans Haus der **Backofen** angebaut. Alle 14 Tage war Backtag. Daneben im **Stall** hatten die Kühe und Schweine ihren Stammplatz. Gegenüber im **Pferdestall** ruhten sich die Tiere nach ihrer schweren Tagesarbeit aus, und in der offenen **Kumthalle** hingen die Geschirre. Darüber lagen die Schlafräume der Mägde und Knechte. Unter dem gleichen Dach befand sich das **Auszugshaus**, wo die älteren Bauersleute ihren Lebensabend verbrachten. Sie wurden von den jungen Leuten versorgt und gepflegt. Den Hof schloss hinten die **Scheune** ab. Darin lagerten das unausgedroschene Getreide, das Stroh und das Heu. Der **Keller** darunter bewahrte frostsicher die Kartoffeln und Rüben für den Winter auf. Daneben stand der **Schuppen** und in der **Obstwiese** das **Bienenhaus**. Hinterm Hof lagen der **Gemüsegarten** und die kleine **Enten- und Gänsepfütze**. Sie gehörten zum Wirkungsbereich der nimmermüden Bäuerin.

Auch die Tauben hatten auf dem Hof ihr eigenes Zuhause. Neben dem **Misthaufen**, wo die Hühner nach Futter scharrten, erhob sich auf einem Sockel das oft schmuckverzierte **Taubenhaus**. Ein mächtiger **Hofbaum** verschönte nicht nur das Anwesen. Die Kastanie schüttete im Herbst ihre Früchte herab, oder eine duftende Linde spendete im Frühjahr ihre Blüten für einen heilenden Tee. Aus einem **Brunnen** pumpte

Dreiseithof, vom Ballon aus gesehen

der Bauer das lebenswichtige Wasser für die Tiere und den Haushalt. Zum Stolz der Bauersfrau gehörte der fast das ganze Jahr über blühende **Vorgarten**. **Türen und Tore** aus verziertem Holz schlossen den Hof nach der Straße hin ab. Auf der Scheune zeigte die **Wetterfahne** an, woher der Wind wehte, und kündete auch ein wenig vom Stolz des Hofbesitzers.

Wenn du durch die Dörfer gehst, betrachte doch mal mit offenen Augen die Bauernhöfe. Vielleicht findest du noch einige der aufgeführten Objekte. Viele sind leider verschwunden oder haben eine andere Aufgabe, weil sie nicht mehr gebraucht werden. Einige Gehöfte sind unbewohnt und verfallen mehr und mehr zu hässlichen Ruinen. Doch du wirst deine Freude an den Gebäuden haben, die erhalten sind und seit wenigen Jahren im schönsten Glanze erstrahlen. Und es werden immer mehr. Sie **verschönern** das Dorfbild und damit unsere Heimat.

Immer mehr Städter verbringen ihren Urlaub mit den Kindern auf einem Bauernhof. Warum liegen sie nicht am Strand auf Mallorca?

Der Rundling Nepperwitz aus der Luft gesehen, um die Kirche herum gruppieren sich die Bauernhöfe

Frühlingstag in Dürrweitzschen

Gebäude im Dorf:

Der Wetterhahn kräht stundenlang, ohne daß du ihn hörst

Was siehst du schon von weitem, wenn du übers Land fährst? Bestimmt den Kirchturm mit seiner Spitze. Die Wetterfahne dreht sich im Wind.

Die **Kirchen** sind ein Wahrzeichen des Dorfes. Viele wurden schon um 1200 gebaut. Natürlich mussten sie in den folgenden Jahrhunderten mehrmals erneuert oder umgebaut werden.

Einige der Kirchen gaben damals den Einwohnern Schutz vor drohenden Feinden. Deshalb haben sie dicke Mauern. Wir nennen sie **Wehrkirchen**. Solche stehen zum Beispiel in Grethen, Pomßen, Klinga, Großbardau, Höfgen, Beucha bei Brandis, Bennewitz und Wasewitz.

Die Dorfkirchen sind meist sehr schlicht ausgestattet. Der Altar, die Kanzel, das Taufbecken und die Orgel sind die wichtigsten Ausstattungs-

Frühling an der Dorfkirche in Fremdiswalde

stücke. Manchmal stehen noch alte Grabsteine an den Wänden. Dreimal am Tage, zu Gottesdiensten und zu anderen religiösen Handlungen läuten die Glocken. Zum Krippenspiel in der Weihnachtszeit kommen viele Einwohner in die Kirche. Der Pfarrer wird dir bei einem Besuch noch viel mehr erzählen können.

Im Thallwitzer Schlosspark blühen Buschwindröschen und Lerchensporn

Das Taubenhaus im Podelwitzer Gutshof

In 27 Dörfern gab es Rittergüter. Sie bestanden meist aus einem großen Gebäudekomplex mit dem Herrenhaus, riesigen Stallgebäuden und Scheunen. Besonders hervorragend gestaltete Gutshäuser nennen wir **Schlösser**. Solche gibt es noch heute unter anderem in Nischwitz, Thallwitz, Machern, Otterwisch und Podelwitz.

Nach dem Zweiten Weltkrieg mussten die Besitzer durch die Bodenreform ihre Rittergüter und Schlösser verlassen. Die Ackerflächen, Tiere und Maschinen erhielten Neubauern. Einige Herrenhäuser wurden ganz abgerissen, andere verfielen mehr und mehr. Sie befinden sich heute oft in einem schlimmen Zustand. Ihre Erhaltung kostet viel, viel Geld.

Fast jedes Dorf hatte einmal eine **Schule**. Könntest du dir vorstellen, mit allen Kindern deines Dorfes in einer Klasse zu sitzen? Das hat es tatsächlich im vorigen Jahrhundert gegeben. Die alten Schulen mit ihren zwei Zimmern und der Wohnung des Schulmeisters sind inzwischen längst abgerissen oder umgebaut.

In den vergangenen Jahren entstanden zahlreiche neue Schulgebäude, doch einige stehen jetzt leer. Es fehlen die Kinder!

Wind- und Wassermühlen drehten sich fast überall in den Dörfern. Das war lebensnotwendig für das tägliche Brot. Die Wassermühlen sind verschwunden. Im Museum Höfgen bewegt sich ein letztes Wasserrad.

Die meisten Windmühlen sind zerfallen. Bei einigen fehlen die Flügel. Nur die in Kühnitzsch und Ballendorf kannst du besuchen und ihr technisches Innenleben kennenlernen.

Längst verfallen sind die **Spritzenhäuser** (dort stand die Feuerspritze) und die **Armenhäuser** (darin wohnten die Armen des Dorfes). Einen **Dorfgasthof** findest du noch in vielen Dörfern.

Die alten Gebäude prägten das unverwechselbare Bild eines jeden Dorfes. Sollten sie deshalb nicht erhalten werden?

Das Wasserrad am Höfgener Mühlenmuseum

Zur Landwirtschaft:
Die Muldentaler essen täglich 78 000 Stück Eier

Die 135 000 Einwohner des Muldentalkreises verbrauchen an einem Tag noch andere Erzeugnisse aus der Landwirtschaft:
– Fleisch und Wurst von 230 Schweinen und 17 Mastrindern
– 36 000 Liter Milch von 2150 Milchkühen.
– Weißfleisch von 6200 Hähnchen.

Damit die Menschen nicht hungern, sorgen seit über tausend Jahren Bauern für die **Ernährung**. Das war nicht immer leicht.

In den vergangenen 50 Jahren veränderte sich mehrmals das Leben und Arbeiten der Bauern:
– 1945 wurden nach dem schrecklichen Krieg die Rittergutsbesitzer und die Großbauern durch ein Gesetz zur **Bodenreform** enteignet. Neben den Altbauern wirtschafteten jetzt auch **Neubauern** im Dorf.
– Ab 1952 wurden, oft unter Zwang, Landwirtschaftliche Produktionsgenossenschaften gebildet, kurz **LPG** genannt. Die Bauern wirtschafteten nicht mehr allein. Es entstanden Großbetriebe mit riesigen Ställen. Die Bauerngüter hatten keinen Nutzen mehr, viele verfielen.
– Seit der Wiedervereinigung Deutschlands im Jahre 1990 erfolgte eine **Rückführung** der LPG in die Privatwirtschaft. Es gibt jetzt wieder Einzelbauern. Die Mehrzahl hat sich zu größeren landwirtschaftlichen Unternehmen (GmbH) zusammengeschlossen.

Hopfenanbau bei Döben

Die 32 **Unternehmen** und 266 **Einzelbauern** des Muldentalkreises halten und züchten in den Ställen und auf den Weiden:
22 000 Rinder, 40 000 Schweine, 10 000 Schafe, 760 Ziegen, 450 Pferde, 130 000 Legehennen, 120 Stück Damwild, dazu noch Enten, Gänse, Puten und Kaninchen.

Diese Tiere benötigen jeden Tag **Futter**. Es wächst auf den Feldern und Wiesen. Die Bauern säen und ernten noch andere **Produkte**: Getreide (auf der Hälfte der Feldfläche), Futter, Ölfrüchte (vorwiegend Sonnenblumen und Raps) und Hackfrüchte (Zuckerrüben und Kartoffeln). Auf kleineren Flächen wachsen auch Obst und Hopfen. 10 Prozent der Felder sind **stillgelegt**.

Ein Teil der Feldfrüchte und die Erzeugnisse der Viehwirtschaft werden für die Ernährung der Menschen auch im Muldentalkreis **gelagert** oder **weiterverarbeitet**:
– Milch in Molkereien und Käsereien
– Obst in Mostereien
– Getreide in Mühlen

Eine größere Rolle spielt wieder die Pferdezucht. Der Pferdesport wird immer beliebter. So entstanden mehrere Reithallen.

Du brauchst jeden Tag Obst, Gemüse und Milch. Überprüfe mal deinen Speiseplan!

Hohburg, im Tal der Lossa mit dem Kleinen Berg. Davor erstrecken sich riesige Sonnenblumenfelder. Nach der Ernte wird aus den Kernen das Öl gepreßt. Sie werden aber auch liebendgern von Vögeln gefressen. Du hast die Sonnenblumenkerne doch auch schon im Winter als Vogelfutter ausgestreut?

Zur Industrie:

Papiersäcke aus Trebsen, Kronleuchter aus Wurzen

Es gibt noch andere Erzeugnisse der Industrie im Muldentalkreis. Die wichtigsten sind in der **Wirtschaftskarte** (Seite 41) eingetragen und in der dazugehörenden Kartenerläuterung (Legende, nebenstehend) aufgezählt.

Die Mehrzahl der Arbeiter finden Lohn und Brot im Baugewerbe, im Maschinenbau, in der Metallverarbeitung und bei der Herstellung von Nahrungsmitteln.

Doch immer muss man heute die bange Frage stellen: Wie lange noch? Es gab früher bei uns viel mehr Industrieprodukte. Seit der Wiedervereinigung im Jahre 1990 mussten jedoch zahlreiche der ehemals volkseigenen Großbetriebe geschlossen werden. Arbeiter und Angestellte fanden eine andere Tätigkeit, aber viele wurden auch **arbeitslos**.

Die alten Fabrikanlagen werden heute umgebaut oder abgerissen. Am Rande der Städte und Dörfer entstanden trotzdem in der freien Landschaft funkelnagelneue **Gewerbegebiete**. Dort befinden sich allerdings vorwiegend Handelsbetriebe und riesige Supermärkte.

Die Industrie hat in deiner Heimat eine lange Tradition. Schon vor 150 Jahren entstanden die ersten Betriebe. Später folgten weitere, weil gute Voraussetzungen gegeben waren:

– die Mulde für den Wasserbedarf,
– die Eisenbahn für den Transport,
– die nahe Messestadt Leipzig für den Absatz,
– die Bodenschätze für die Rohstoffe.

Ein kostbarer Schatz unserer Heimat sind die **Naturreichtümer** Steine, Erden (das sind Sand, Kies und Ton), Holz und Wasser. Sie werden seit über 100 Jahren in großen Mengen abgebaut.

Nicht zu vergessen sind Tüchtigkeit und Wagemut von Fabrikanten und Geschäftsleuten (Unternehmer) und das Können und der Fleiß der Techniker, Meister und Arbeiter. Du willst doch eines Tages auch dazugehören?

Was vorwiegend im Muldentalkreis hergestellt wird *(Legende zur Wirtschaftskarte)*

im Baugewerbe:
Wohnhäuser, Schulen, Kliniken, Fabrikanlagen, Straßen, Asphalt, Kläranlagen, Rohre, Pflaster, Ziegelsteine, Dachsteine

im Maschinenbau:
Kompressoren, Geländer, Treppen, Tore, Werkzeuge, Garagen, Skatebahnen, Wintergärten, Tankstellen, Funkmasten

in der Chemieindustrie:
Wasserglas, Farben und Lacke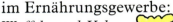

im Ernährungsgewerbe:
Waffeln und Kekse *Eispulver*

Mehl *Futtermittel* *Bier*

geräucherter Fisch *Fruchtsäfte*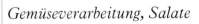

Käse  *große Obstanbaugebiete*

Gemüseverarbeitung, Salate

Lagerhaus für Kartoffeln, Obst, Getreide

weitere Produkte:
Lampen und Kronleuchter *Etuis für*

Papier, Papiersäcke, Wellpappe

Fenster und Türen aus Kunststoff *Fenster, Treppen, Möbel aus Holz*

Bücher *Filze*

Gegenstände aus Keramik

Bodenschätze:
Abbaugebiete von Steinen

Abbaugebiete von Erden (S – Sand, T – Ton)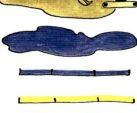

Förderung von Trinkwasser

unterirdische Wasserleitung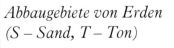

unterirdische Gasleitung

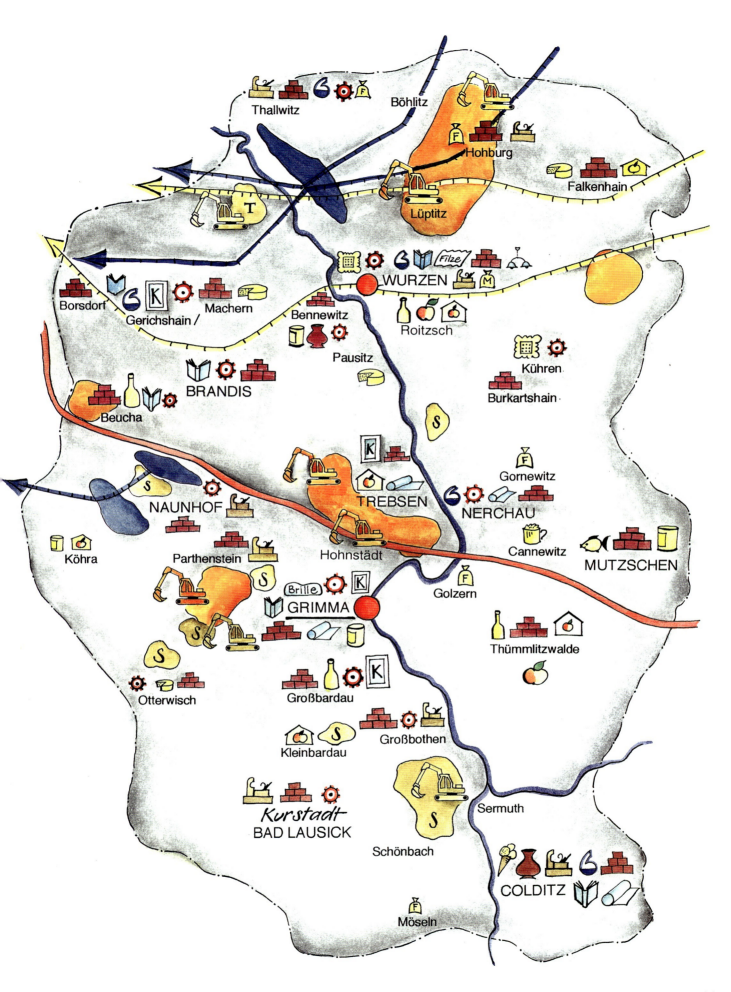

Porzellan aus Colditz – das ist Geschichte

Ein Wurzener Erzeugnis: Leuchter im Dom

Steinbruch Breiter Berg bei Lüptitz. Mit Presslufthammer und Dynamit haben seit über hundert Jahren die Steinarbeiter den Berg abgetragen und ein riesiges Loch in den Porphyr gesprengt.

Zur Energie:

Die riesigen Flügel drehen sich fast lautlos im Wind

Du hast die Windräder auf den hohen Stelzen sicher schon gesehen. Bei Lüptitz und Schkortitz stehen einige in der Landschaft. Ob sie stören?

Das **Windrad** treibt einen **Dynamo** an, der dann **Elektroenergie** erzeugt. Du hast eine solche kleine Lichtmaschine an deinem Fahrrad. Auch fließendes Wasser wird dafür genutzt. Früher waren es einfache **Wasserräder**, jetzt drehen sich Turbinen. Eine solche Anlage steht in Golzern an der Mulde.

Vielleicht noch zu teuer sind **Solaranlagen**. „Solar" heißt Sonne. Auf einigen Dächern liegen bereits die dazu notwendigen schwarzen Platten. Wenn die Sonne darauf scheint, fließt innen ein elektrischer Strom.

Wind – Wasser – Sonne. Damit wird auf eine **umweltfreundliche** Art Energie gewonnen. Ihr Anteil ist allerdings noch sehr gering.

Der elektrische Strom kommt vorwiegend aus **Wärmekraftwerken**. Brennstoffe dazu sind Steinkohle, Braunkohle, Ergas und Erdöl. Die Abgase sind umweltschädlich. Darunter leidet der Wald. Dann gibt es noch **Kernkraftwerke**. Sie sind nicht ganz ungefährlich.

Wir erhalten die Elektroenergie aus **Braunkohle-Kraftwerken** südlich von Leipzig. Dafür werden seit über 100 Jahren riesige Mengen Braunkohle gefördert. Einige ausgekohlte Tagebaue laufen jetzt allmählich voll Wasser. So entstehen schöne große Seen.

Mächtige **Überlandleitungen** bringen den elektrischen Strom überall hin. Sie durchqueren auch unser Heimatgebiet.

In den Städten und Dörfern brauchen die Fabriken und Haushalte noch andere **Brennstoffe**. Im Boden liegen Erdgasleitungen. Eine kommt sogar aus dem fernen Sibirien. Sie sind mit gelben Säulen markiert. Tankwagen bringen Heizöl und Lastwagen Briketts ins Haus.

Ob immer genügend Brennstoffe auf der Erde vorhanden sind, um die dringend notwendige Energie zu erzeugen?

Windkrafträder bei Lüptitz

Zum Verkehr:

Mit dem Salzhandel entstanden die ersten Straßen

„Hier fehlt Salz!" Diesen Satz hast du bestimmt schon mal gerufen. Salz kostet wenig Geld und ist stets vorhanden. Das war aber nicht immer so! Im Mittelalter war Salz ein kostbares Gut. Es wurde aus den Bergwerken über viele Kilometer hinweg mühsam mit Pferdewagen transportiert. So entstanden die ersten Straßen in unserer Heimat. Man nannte sie **Salzstraßen**.

Als vor 300 Jahren die Postkutschen auf immer den gleichen Wegen zwischen Leipzig und Dresden verkehrten, entwickelten sich **Poststraßen**. Aufgestellte **Postmeilensäulen** in Städten und Dörfern dienten zur Orientierung der Reisenden. Die Postkutschenzeit dauerte etwa 150 Jahre. Es war nicht immer ein Vergnügen, mit diesen Fahrzeugen über die holprigen Wege zu reisen.

Postmeilensäule in Mutzschen

So sah die erste Lokomotive aus, die 1839 zwischen Leipzig und Dresden durch unsere Heimat fuhr. Eisenbahner haben die Saxonia vor Jahren nachgebaut. Hier dampft dieses originalgetreue Modell 1993 durch den Bahnhof Dornreichenbach.

Das Band der Autobahn am Fuße der Deditzhöhe

Vor 200 Jahren wurde die Lokomotive erfunden. Die erste Eisenbahn fuhr in England. Wir sind stolz darauf, daß die **erste längere Eisenbahnstrecke** von Deutschland zwischen Leipzig und Dresden gebaut wurde. Am 31.7.1838 rollte zum ersten Male ein Zug von Leipzig nach Wurzen. Weitere Eisenbahnlinien folgten. Der Personenverkehr und Gütertransport nahmen von Jahr zu Jahr zu. In den letzten Jahrzehnten wurden jedoch zahlreiche Strecken stillgelegt, weil immer mehr Menschen mit dem Auto fahren. Dafür stehen sie dann schon mal stundenlang im Stau.

Seit 1995 erneuert die Bundesbahn die Hauptstrecke Leipzig – Dresden, damit superschnelle ICE-Züge dahinrasen können.

Mit der Erfindung des Autos vor 100 Jahren musste das **Straßennetz** erweitert und ausgebaut werden. Durch eine feste Schotterunterlage entstanden **Chausseen**. Später erhielten sie einen Teerbelag. Die Straßen sind nach ihrer Bedeutung geordnet: Es gibt Bundesstraßen (dazu gehört auch die Bundesautobahn A 14 mit der 30 Meter hohen Muldenbrücke bei Nerchau – einer baulichen Meisterleistung!), Staatsstraßen, Kreisstraßen und kommunale Straßen.

Ununterbrochen rasen Motorräder, Autos, Busse und Lastwagen über die Straßen. Am Straßenrand stehen immer häufiger kleine Holzkreuze. Dort ist ein junger Mensch tödlich verunglückt.

Hier an einer Straße bei Wurzen starb 1996 ein junger Mensch. Wenige Wochen später raste ein Auto in die Erinnerungsstätte. Der Baum brach um. Jetzt ist nichts mehr vorhanden.

Von Persönlichkeiten:
Was Steine und Häuser von Leuten erzählen

Überall in den Dörfern und Städten stehen Gedenksteine oder Gebäude, die an Personen oder Ereignisse erinnern. Es lohnt sich, diese zu suchen. Du findest bestimmt auch welche in deiner Nähe. Lass dir ihre Geschichte erzählen.

Johann Gottfried Seume
Zu Fuß nach Syrakus und zurück

In Hohnstädt steht das Göschenhaus. Es erinnert an zwei Persönlichkeiten, die sich mit dem Buchdruck beschäftigt haben. Georg Joachim Göschen (1752–1828) betrieb in Grimma seit 1797 eine Buchdruckerei, hatte zwei Jahre zuvor das Landhaus in Hohnstädt erworben. Es ist heute eine Gedenkstätte. Von 1797 bis 1801 arbeitete bei ihm als Korrektor der Schriftsteller Johann Gottfried Seume. Das ist der Mann, der den berühmten Fußmarsch von Grimma nach Syrakus und wieder zurück durchführte. Das beschrieb er in einem Buch, das mit folgenden Sätzen beginnt:

„Ich schnallte in Grimma meinen Tornister, und wir gingen. Eine Karawane guter, gemütlicher Leutchen gab uns das Geleit bis über die Berge des Muldentales ... Nun sah ich zurück auf die schöne Gegend ... und überlief in Gedanken schnell alle glücklichen Tage, die ich in derselben genossen hatte; Mühe und Verdruß sind leicht vergessen. Dort stand Hohnstädt mit seinen schönen Gruppen, und am Abhange zeigte sich Göschens herrliche Siedelei, wo wir so oft gruben und pflanzten und jäteten und plauderten und ernteten und Kartoffeln aßen und Pfirsiche; an den Bergen lagen die freundlichen Dörfer umher, und der Fluß wand sich gekrümmt durch die Bergschluchten hinab, in denen kein Pfad und kein Eichbaum mir unbekannt waren ..."

Das dicke Buch Seumes endet mit den Worten: *„Morgen gehe ich nach Grimma und Hohnstädt, und da will ich ausruhen ... Zum Lobe meines Schuhmachers ... muß ich Dir noch sagen, daß ich in den gleichen Stiefeln ausgegangen und zurückgekommen bin, ohne neue Schuhe ansetzen zu lassen ..."*

Das Arbeitszimmer von Göschen im Museum Göschenhaus in Grimma-Hohnstädt

Karl Goretzko
Hoch klingt das Lied vom braven Mann

Auf dem Muldendamm bei Bennewitz steht ein kleiner schwarzer Stein. Er erinnert an Karl Goretzko, der 33 Menschen vor dem Ertrinken in der Mulde rettete. Beim 34. Rettungsversuch am 7.7.1923 ertrank er selbst.

Die Mulde ist meist ein harmloser Fluß, aber wehe, wenn Hochwasser kommt. Dann hat der reißende Strom schon manches Opfer geholt.

Joachim Ringelnatz
Da nahte eine böse Mücke ...

In Wurzen am Crostigall steht das Geburtshaus von Joachim Ringelnatz. Hier erblickte er 1883 das Licht der Welt. Schon als Kind verzog er mit seinen Eltern nach Leipzig. Trotzdem sind die Wurzener stolz auf ihren Dichter, Seefahrer und Schauspieler und setzten ihm auf dem Markt ein Denkmal. Er starb 1934 in Berlin.

Joachim Ringelnatz hatte die Kinder gern und schrieb ihnen manches Gedicht.

DIE SEIFENBLASE

*Es schwebte eine Seifenblase
Aus einem Fenster auf die Straße.*

*„Ach nimm mich mit dir", bat die Spinne
Und sprang von einer Regenrinne.*

*Und weil die Spinne gar nicht schwer,
Fuhr sie im Luftschiff übers Meer.*

*Da nahte eine böse Mücke,
Sie stach ins Luftschiff voller Tücke.*

*Die Spinne mit dem Luftschiff sank
Ins kalte Wasser und ertrank.*

Titelseite des Kinder-Spiel-Buches von Ringelnatz

Ein Findling erinnert an die Birkenbuschin

Johanna Friederica Birkenbuschin
Das Kind mit dem seltsamen Namen

Am Kleinen Berg bei Hohburg liegt ein mächtiger Findling. Auf dem Stein stehen die Worte „*Johanna Dorothea Friederica Birkenbuschin, gefunden am 17. Mai 1779*".

Hier hat tatsächlich an jenem Tage eine Frau aus dem Dorfe beim Heidelbeeren pflücken ein winziges Baby gefunden. Eine verzweifelte Mutter hatte es niedergelegt. Wovor muß sie Angst gehabt haben, daß sie diese schlimme Tat begangen hat? Wir werden es nie erfahren.

In einer Hohburger Familie bekam das Kind ein Bett und die Milch. Wenige Tage danach taufte es der Pfarrer auf den einmaligen Namen *Birkenbuschin,* weil es unter einem Birkenbusch gelegen hatte.

Helmut Drechsler
Mit der Kamera im Tal der Schmetterlinge

Im Kohlbachtal am Rande des Colditzer Waldes liegt an einem Hang ein runder Stein. Er erinnert an den Colditzer Helmut Drechsler, der hier im „Tal der Falter" mit einer einfachen Kamera die kleinen Tiere seiner heimatlichen Umwelt fotografierte. Von seinen Streifzügen durch die Natur schrieb er Bücher mit schönen Fotos. Sie trugen dazu bei, daß viele Menschen die Natur mehr achten und schützen lernten.

In seinem Buch „Teichsommer" beobachtet er den Eisvogel: „*Da zuckt wie ein Blitz ein herrlich blaugrün schillernder Vogel in schnellem Fluge geradeaus über den Wasserspiegel und fußt auf einem dürren Aste, der am Ufer über die bewegte Flut herausragt. Schön leuchtet die kastanienrote Unterseite in der Sonne. Es ist der Eisvogel, der Königsfischer, der hier sein Brutrevier hat.*

Regungslos sitzt er auf dem Zweig und starrt ins Wasser. Ein lange Zeit vergeht. Plötzlich stürzt er kopfüber von seinem Sitzast und verschwindet plätschernd in der Flut, um gleich darauf emporzutauchen. Ein Fisch leuchtet in seinem langen, spitzen Schnabel. Dann schwirrt er davon, seiner Brutröhre zu, die er am nahen Bachrand unter überhängenden Wurzeln in die Lehmwand gegraben hat ..."

Magnus Gottfried Lichtwer
Blinder Eifer schadet nur ...

Wurzen hat noch einen großen Sohn. Es ist Magnus Gottfried Lichtwer, der hier 1719 geboren wurde. Das Geburtshaus steht unmittelbar neben dem Dom am Domplatz. Lichtwer starb 1783 in Halberstadt. Das neue Gymnasium am Nordrande der Stadt trägt seinen Namen.

Berühmt wurde Lichtwer durch seine Fabeln. Da sind Gedichte, mit denen er die Schwächen der Menschen aufs Korn nahm und gute Ratschläge verteilte.

DIE KATZEN UND DER HAUSHERR

*Tier und Menschen schliefen feste,
selbst der Hausprophete schwieg,
als ein Schwarm geschwänzter Gäste
von den nächsten Dächern stieg.*

*In dem Vorsaal eines Reichen
stimmten sie ihr Liedchen an,
so ein Lied, das Stein erweichen,
Menschen rasend machen kann.*

*Endlich tanzten alle Katzen,
poltern, lärmen, daß es kracht,
zischen, heulen, sprudeln, kratzen,
bis der Herr im Haus erwacht.*

*Dieser springt mit einem Prügel
in dem finstern Saal herum,
schlägt um sich, zerstößt den Spiegel,
wirft ein Dutzend Schalen um.*

*Stolpert über ein'ge Späne,
stürzt im Fallen auf die Uhr
und zerbricht zwo Reihen Zähne:
BLINDER EIFER SCHADET NUR.*

Die Ostwald-Gedenkstätte in Großbothen

Wilhelm Ostwald
Der Mann, der den Nobelpreis erhielt

In einer großen Parkanlage in Großbothen steht ein villenartiges Gebäude. Es hat den sonderbaren Namen „Energie". Darin ist heute eine Gedenkstätte eingerichtet. Sie erinnert an den Wissenschaftler und Naturforscher Wilhelm Ostwald, der hier seit 1906 mit seiner Familie gelebt, und in einem Labor gearbeitet und geforscht hat. Er verstarb 1932.

Er war Professor der Chemie und erhielt für eine wissenschaftliche Leistung in seinem Fach im Jahre 1909 den Nobelpreis. Das ist eine hochangesehene Auszeichnung, vielleicht sogar die höchste Ehrung in der Welt. Sie wird seit 1901 in jedem Jahr an verdienstvolle Wissenschaftler und andere Persönlichkeiten verliehen.

Wilhelm Ostwald hatte eine weitere Leidenschaft: Er beschäftigte sich eingehend mit den Farben. Schon als Kind malte er die Umwelt, und der Malkasten begleitete ihn sein Leben lang. So entstanden zahlreiche Bilder von der schönen Muldenlandschaft. Später befaßte er sich wissenschaftlich mit der Farbe. Er stellte gar eine Farbenlehre auf und schuf einen Farbatlas, in dem 2 500 unterschiedliche Farben verzeichnet sind. Er hat noch zahlreiche andere Bücher geschrieben. Insgesamt sind es 45 gewesen.

Wilhelm Ostwald war auch ein Philosoph. Zu den Kindern hatte er ein herzliches Verhältnis. Er gab ihnen manchen guten Ratschlag:

*Was du tust, das tue ganz!
Nichts ist 'ne Katze ohne Schwanz.*